CON DOS PESOS YA NO ALCANZA

ÆREA | *carménère*

Ana Belén Jara

Con dos pesos ya no alcanza

A861 Jara, Ana Belén
J   Con dos pesos ya no alcanza / Ana Belén
       Jara -- Santiago-Barcelona : RIL editores-
       Ærea | Carménère, 2024.

       100 pág. ; 23 cm.

       ISBN: 978-84-19372-97-0

1 POESÍA ARGENTINA. 2 LITERATURA ARGENTINA.

Ærea | *carménère*

Serie dirigida por
Eleonora Finkelstein y Daniel Calabrese

Con dos pesos ya no alcanza
Primera edición: enero de 2024

© Ana Belén Jara, 2024

© Ærea, 2024
  www.aepoesia.com

Un sello de RIL® editores
Sede Santiago de Chile: Los Leones 2258 • cp 7511055 Providencia
☾ (56) 22 22 38 100 • ril@rileditores.com • www.rileditores.com

Sede Valparaíso: Cochrane 639, of. 92 • cp 2361801 Valparaíso
☾ (56) 32 274 6203 • valparaiso@rileditores.com

Sede España: europa@rileditores.com

Composición e impresión: RIL® editores
Diseño de colección: Marcelo Uribe Lamour
Imagen de portada: Ana Belén Jara

Impreso en España • *Printed in Spain*

ISBN: 978-84-19372-97-0
Depósito Legal: B 2423-2024

A Julia, Ana y Flor,
las canciones que más suenan en mi discman

Half of what I say is meaningless.
But I say it just to reach you Julia.

«*Julia*», THE BEATLES

Bestias emergentes

CUANDO LLUEVE, LOS SAUCES
lloran más de la cuenta,
el Río es más Grande que Grande
y desborda los límites de
los muros de la defensa.
La canchita de fútbol
se transforma en un charco
enorme de barro,
el habitat para los sapos
que croarán cuando el cielo
se alumbre de ojos.
El agua avanza arrastrando
la angustia de las hijas
que olvidaron cerrar la ventana
y observan cómo se les inundan
las cartas que soplan besos
y secretos a gritos.
Las casitas de la Av. de Mayo
hacen ebullición
cuando el calor de los pies
de las abuelas
estalla ante el frío del chaparrón.
Las alimañas entran por
las rendijas, y agotan con sus
colmillos la paciencia de los cuerpos
mojados,
mi hijo arranca con la pala
la cabeza de una serpiente
y llora desconsoladamente.

PUERTAS A LUGARES CAÍDOS,
a espacios, inexistentes.
Puertas hacia donde no queda nada,
hacia donde nunca hubo nada.
Hacia derrumbes apenas
anunciados,
ni siquiera pronunciados
por los vecinos
que miran y no miran.

/Nunca vistas,
nunca han existido./

Puertas y más puertas
que llevan a ningún lado,
y nosotras
las cruzamos
todas.

SUSPENDIDA SOBRE EL PATIO,
una fila de corpiños dibuja
una sombra irregular.
Entre el yuyo seco y los palitos quemados
viene bajando una hilera
de gallos y gallinas cochambrosas,
un festín de picos
y garras que avanza
hasta los bloques de cemento,
y cruza
la puertita de metal
hacia este mundo.
Un festín que me alcanza
mientras duermo.

Todas estas bestias
me caminan por el cuerpo
ensayando una murga sabrosa
que coquetea con la muerte.
Ahora yo también me levanto
y bailo con ellas,
como en el funeral del videoclip
que no dejan de repetir en la TV.
Cautivada y conducida por sus ojos,
esas bolitas prendidas en llamas de fuego
que les llega hasta la cresta,
dejo que el incendio me perfore
como el miedo de ser Pedro
y negar tres veces antes
de que los machos canten,
canten y yo me niegue
tres veces
y me convierta, también,
en una bestia
agazapada
en mi habitación.

SUBIERON A LA TERRAZA CON LAS RODILLAS SUCIAS
y las ropas mojadas,
llenaron las bombuchas
con una mezcla de resina azul y agua sucia,
anudaron las boquillas
con el sigilo de la venganza,
permanecieron en cuclillas
ocultando detrás de la pared
sus rasgos de niñas.
A la orden de Flor
empuñaron las armas,
se pusieron de pie
y divisaron en la calle
el alardeo inconfundible de los chicos...

Esa pintura que ayer tiñó
el suelo de la casa de Tere,
hoy marca a fuego
a nuestros enemigos.

Un nombre se prolonga y repta
desde el comienzo del día
hasta la última imagen clara
que empaña los ojos
Un nombre que se pronuncia desnudo e inequívoco
desde tiempos lejanos
cuando un otro
lo dijo por vez primera
simulando una presentación
desinteresada
Un nombre limpio, aunque algo débil
porque el músculo por el que sale ya no es el mismo que el
    de la adolescencia
pero serpentea ávido de un oído
un oyente atento
que acuda
que asista y
asienta
que mantenga el hilo
vivo entre el recuerdo y
el abandono
de la memoria
un oyente que responda
-Acá estoy,
vieja.

LLEVO EL OLOR
de los jazmines
en mi pelo avejentado
y enredado por el paso del día.
Puedo ver los nudos que los duendes
me hicieron mientras dormía
y pensaba
que la siesta era tan solo
un impasse en la tarde.
He dejado el pantalón vaquero de un varón
en la ventana
siguiendo el rito de las abuelas
y esperando que al fin se vayan
y dejen de tirar piedritas
a la membrana de la terraza
o de preguntarnos si con la de lana
o la de hierro,
pero se quedan
y me subsisten
nos subsisten
y nos sentencian a verlos cruzar
entre los pies de nuestras camas
hasta el fin
de nuestros días.

QUISE A UN FANTASMA.
Nunca vi el color de sus ojos
si no a través de lo que me devolvía
una fotografía.
Tampoco sentí el calor de su cabeza
descansando en mi pecho
después de agitar al mundo.
No probé su boca ni sus dedos.
No escuché su voz por una ventana,
no comí de sus manos,
no temí a su ausencia.
No supe a qué olía
ni cómo se sentía su piel
en la oscuridad.
Nunca lo toqué,
nunca lo vi venir.

PUEDE SER
del color que quiera
y perderse en el negro
de los ojos heridos
o ser alfombra de unas patas
rajadas y esconderse bajo el rojo
profundo que la carne desprende
o ser puñado para los dedos
y trizas para las manos
secándose al sol en un
dorado que nadie pronuncia.
Puede ser
del color que quiera
y quedarse en mi cabeza
y hacer castillos y dejar que
las golondrinas pongan huevos
y suban y bajen para alimentar a sus hijos.

Puede ser
el color que quiera
y vivir en mi cabeza
y venir conmigo
y andar el camino
y seguir poniendo higueras
y cambiando de colores
y extendiéndose en mesetas
y desplegándose en olores

pero será como
las moscas,
está avisada,
y estas
siempre vienen
a casa para morir.

AGUANTÁ,
contá
hasta diez.
Salí y ponete
panza arriba,
el cuerpo hará el resto
se dejará arrastrar
por el agua.
Te vas a sentir al margen,
vas a ver solamente el cielo,
y vas a oír como si estuvieras
metida en un molusco.
Vas a querer cerrar los ojos
e imaginar la arena foránea,
la de los zapatos,
solo hasta que
solo hasta que te des,
te des la cabeza contra el borde
del piletín,
y descubras
la sombra
de la imaginación.
Mañana,
tal vez mañana,
suspenderás
de nuevo
la mortalidad.

COMENZAMOS POR LAS ESQUINAS,
echamos a los fantasmas
con el humito del sahumerio
rezamos dos padres nuestros,
nos persignamos,
mentimos a la fe de la herida,
ventilamos las habitaciones,
salimos al jardín y miramos los jazmines.

Ella dijo:
«acá florece, porque
eso es lo que pasa cuando los perros
mueren».
Los perros que ahora son flores
y alimentaron,
con sus carnes,
las raíces de este maravilloso
sincretismo.

Un patio lleno de lava

AHORA QUE LAS AMAPOLAS
parecen de papel crepé
y se desprenden
del rojo de principios de mayo,
y los chopos
fecundan al mundo,
creando capas de algodón ligero
que se suspenden también por el aire;
ahora que las gatas esperan que los pichoncitos
caigan de sus nidos,
como recompensa del esperado verano,
la alimaña abandona el mundo
camina pesada y decide
habitar, hasta el otoño,
en la sombra de
su guarida.

Ahora que
la palabra ahora
vaga en cada una
de sus letras,
me abandono en un costado,
la espío,
la observo,
y dejo que
franquee
mi pellejo
herido.

EL RASTRO DE UNAS MANOS
que hicieron
una casa,
un contenedor
de cemento y barro,
donde otras manos
hicieron el pan,

/y otras tantas pusieron la mesa/

y donde ahora el polvo
hace migas
y la memoria es
una charla pendiente,
y un caldo de guiso
por congelar.

QUIERO PENSAR QUE
la soledad es una araña
que en sus patas sostiene
el anuncio inaguantable
de la compañía que no va a venir.
Y que se mueve como
la furia y que se duerme como
la rima y que se cansa
porque en definitiva
ella también está viva
y precisa el reposo.
Quiero pensar que la soledad
es una araña
que en sus ojos celebra la misa
en la que se mira el futuro
y el pasado y el deseo
y se charlan y se odian y se gustan
y se olvidan.

Quiero creer que
la soledad es una araña
que en sus patas
me sostiene.

UNA CIUDAD ME OCUPA
desde la inicial que le da nombre
hasta el último sonido
de la tardecita
que cayendo se va
haciendo mía
y tuya
como cuando éramos chiquitxs
y la vida nos parecía
lo suficientemente
eterna.

ME PUSE EL CORSÉ
que ella usó con 28 años
el día de su casamiento.

Apenas y cerró
con la ayuda de sus dedos
haciendo presión sobre mis huesos
dejando que me asfixie una sola idea.
Esto es morirse o estoy acaso ya muerta,
tenía de esto tantas dudas.

Yo que, con 14 años,
me creía tan flaca, sentí
el horrible y temprano mandato
de crecer en un cuerpo
insuficiente.

Caíste otra vez parado
como gato orgulloso y
mostrando las habilidades
de tener más de una vida.
Yo te miro desde la ventana.
No puedo hacer otra cosa
más que mascar el chicle sin
sabor
y desear que te vayas altivo
por el filo de la vereda.
Seguís ahí, te acicalás
para la vida
mientras yo mastico la muerte.
Tu pelo brilla,
mi piel se rasga,
tus uñas salen vigorosas,
yo soy una bestia chiquita
convertida en un tic nervioso,
y en las ganas de comerme
las humedades
porque este mundo,
gato atrevido,
este mundo me quedó
demasiado
grande.

DICEN QUE LOS EXTRANJEROS PIDIERON CARNE.
Ellas le dieron el maíz
dorado de su tierra.
«So'opa» —pronunciaron sus labios,
«Sopa» —entendieron los invasores.
Ahora le decimos así,
como si de magia
se tratara.
Como si una sopa
hubiera desafiado, al fin,
los límites de la materia,
como desafía la abuela Sara
el menú de noche vieja
y como protesta la lluvia
inundando los pasillos de la casa...

Mientras tanto,
los mosquitos planean
un festival,
en *Crónica TV* cuentan
los días que faltan
para el próximo invierno,
una empresa que mata activa
la sirena que anuncia
el nuevo año
y el cambio de turno de los guardias
que se perderán la cena familiar.
El agua merma, las felicitaciones estallan
y en el club se encienden los jolgorios,
no dormiremos intentando descifrar
lo que dicen los celebrantes
y contaremos el crujir de los grillos,
hasta caer al fin rendidas.
Mañana desafiaremos el olor de la celulosa,
la herencia de los bastardos,

y robaremos caña de azúcar
con el machete que trajo papá.

TENER UN SAUCE,
trepar muy alto,
hacer una lista interminable
de sueños baratos,
rasparnos las rodillas,
lavar con jabón las heridas,
mentir para consolarnos,
sentarnos a la sombra
a soplar la carne viva,
ceder rendidas
a la siesta de verano,
murmurar amores
que habitan otras vidas.
Llorar por soñar verdades.
Aprender a nombrar
a las cosas de este mundo,
no estar tanto sola,
tener una amiga,
ser un sauce.

LA PARED DE LA COCINA DE MI CASA
dice cosas.
Dice cosas que solo Gisela
se cree capaz de leer.
Hoy vino al colegio
con el insulto entre los dientes
y lo soltó en un comentario
tan dañino que sepultó mi
sombra antes de que el timbre del recreo
sonase.
Afuera, en el patio, todas hablan de mí.
Hablan de la humedad,
hablan del revoque caído,
que si las cortinas de tela amarillenta,
que si el mantel gastado de la mesa,
que si el cansancio en los ojos de mamá.
Adentro, en el aula vacía,
yo las tacho a todas
de mi lista de cumpleaños,
las maldigo entre dientes
y las sentencio de por vida
a permanecer lejos de mi morada,
porque si la pared de la cocina de mi casa
dice cosas
mejor que se queden en secreto
porque ellas, que tienen la boca
llena de murmullo,
se las perderán.

ESTE PODRÍA SER CUALQUIER MEDIO
de transporte,
pero es el nuestro,
el primero en el que somos cuatro
y ocupamos el espacio asignado
por la planificación de mamá.
Este es un auto clarito que deja ver
el rojizo de la oxidación
que esconde debajo de la piel,
emulando la sangre que nos
corre por las venas
ahora que somos seis y
de a poco
asumimos el vocablo *familiar*.
Podría ser cualquier auto
de esos espectaculares,
de esos enormes que tienen
incontables filas,
pero solo tiene dos
y atrás, donde abunda
el vacío,
armamos una guarida,
en la que, medio dormidos,
rebotamos a diario
en el fresco de la madrugada.
Podría ser cualquiera,
pero tiene las cortinas de tela
de toalla vieja
que, por sus agujeros,
deja ver a los personajes de
de la ciudad que empieza
a encenderse.
Ahí van los basureros
y sus uniformes alucinantes.
Allá sube a pie

y en traje el
tío Marcelo.
Desde adelante
nos llegan las malas noticias
de este país que nunca tiene buenas,
y desde atrás vemos al día robarle
el protagonismo a la noche
Las luces de la peluquería
de la calle Salta se prenden
y papá entiende que vamos demorados.
Bajamos rápidamente
por el puente Senador Pérez
y nos agarramos fuerte
porque sabemos que se viene
la aventura más increíble que dará
comienzo a nuestro día.
"Así debe ser la montaña rusa",
murmura Matías,
Y nosotros levantamos las manos
como queriendo abordar
los mitos de las estrellas
que desaparecen
en esta ciudad chiquita
en la que gobernar
debe ser muy fácil.

DICEN QUE VIENE EL DILUVIO

Mamita linda,
mirarte a los ojos
es ver el plato caliente
servido en la mesa para seis.
Es ver tu cara triste
porque te espera un viaje
largo a una provincia donde todo se pierde.
Es reconocerte
fría y a veces distante
con miedo a los abrazos
y también al tiempo,
con temor a la pregunta
de si sos feliz o si acaso
tenés amigxs.
Tocarte las manos
es tocar la ropa limpia
o el mismo en el pelo enredado,
es abrir las puertas de la ventana
para que se ventile la pieza,
es mirarte callar con vergüenza
esas cartas que guardás en tu placar,
en las que alguien te dijo una vez
"te quiero".

Mamita linda,
andar con vos
es ser la madrugada
y tener el poder de desprender el rocío
de los árboles,
es partir el alma en dos
para que me quepa la infancia
y la adultez a la vez.

PARA TREPAR POR LOS TEJADOS
se necesita ser yuyo,
sobrevivir al pájaro que come y defeca,
soportar el granizo,
beber de la lluvia,
y alimentarse de días buenos.
Este país me enseñó a ser la maleza,
a sacar por la boca
las espinas,
a crecer
a la deriva
de una canaleta rota,
tuve que oler el azahar ajeno
y creerme su fruta.
Tuve que colgarme y
revivir los edificios viejos
encontrando hueco en las grietas
que todavía los significan.
Y hoy que muero arrancada por el "progreso",
siento el placer final de ser arrastrada desde las alturas
esperando que algo mío sobreviva en el aire,
y fecunde mañana
las profundidades de
esta tierra.

HE VUELTO SOBRE LOS PASOS
de la mañana.
Una vecina murmura a su hijo
el día y la hora,
y acaricia su pelito
con las líneas de la mano
y del destino.
Una monja camina acarreando
la compra que acaba
de hacer en el mercado
de los martes,
lleva la fruta prohibida
en una bolsa de papel.
El jardinero de la casa de enfrente
arranca de las rosas las espinas
y huele el dulce paso del tiempo.
Opino que el perro de la esquina
debería saltar si así lo desea,
correr y ensuciarse con el charco
de agua que se formó anoche con la lluvia.
Y los gatos, que tan bien le conocen,
no le darán la espalda,
porque saben que mejor
tenerlo de amigo que de enemigo
La noche cae tan de prisa,
y eso que apenas son las 10 de la mañana,
es que por alguna razón
nadie nos avisó
que hoy se acaba
el mundo.

ROMPER ES FÁCIL, ES UNA ACCIÓN DELICADA
consta de dos pasos,
tomar algo y partirlo.
Tomar y rasgar.
Tomar y crujir.
Romperse es fácil
es una acción tan cotidiana,
me rompo como este vaso que dejo
caer a propósito
y estallar contra el suelo
un suelo estúpidamente limpio,
lo he limpiado 10 veces en lo que va de semana
todo para no romperme como se rompe
este vaso,
vaso que dejará de contenernos y
contarnos,
contenernos el trago limpio de agua
después de la palabra amor
que también se rompe.
Es tan fácil decir A y después MOR
tan fácil como conjugar
morar
en
moraste
morar en
moré
morar en
moramos,
y negarme porque
entonces soy yo
la que se
rompe
y experimenta que romper
es una acción
demasiado
fácil.

DECÍS Y BASTA.
Es el nombre de la planta
la que dejaste morir
hace ya varios días
en una esquina del balcón.
No pasa nada, es un yuyo.
Pero es mi yuyo, protesto.
Aunque en realidad lo era
porque ahora
es apenitas un barullo de ramitas secas
Me mirás y me pedís que me lleve la maceta
que en el mercado venden
semillas de esto
y un montón de aquello
que con un poco más de tierra quizás...
que alguna otra planta
extranjera hará lo suyo
y a lo mejor... algo mejor
que mi yuyo amarillo
ve la luz de mi nueva ventana.
Alguna uña de gato
insistís.
Pero yo
que nunca fui buena
haciendo vivir a las cosas
capaces de sucumbir en este
mundo
te digo que no y me voy
con las manos vacías.

NOMBRAR LA NOCHE
es insuficiente.
Una terraza cae con los
restos de globos de fuego
que se hacen ceniza tras la Noche Buena.
Tanto le costó a mi viejo prender el primero
y el segundo y el tercero
para que se hicieran eternos en el cielo
del barrio
y tan rápido se hacen trizas y
ensucian la calle y los techos de las casas.
Los veo caer heridos por su propia lumbre,
mientras me aliso el vestido ya arrugado,
y cargo el discman con un CD
que me compró mamá
al frente de la *Galería Impulso*.
Me despido de los gritos de los niños
que juegan a la pirotecnia,
y de la joda en la casa del vecino
que durará hasta las tantas.
Elijo un número al azar y
el disco suena.
Una canción me dice que
para ser feliz
solo debería entender
que yo también
soy parte
del dolor.
Una terraza cae
y yo me veo sucumbir herida
por mi propia
lumbre.

¿QUÉ ES LA MUERTE?
Pregunto.
Acaso un viaje,
acaso un lugar
o un pozo sin salida.
¿Qué es la muerte?
Pronuncio
y veo al perro
por el que sentí tanto miedo
emblandecer de un suspiro
 y sucumbir al frío
de la madre de las cosas.
Ahora se va, y deja en mí
algo más que la marca
del filo de sus dientes.

En la mano
el corte todavía hace sangre
le ignoro y cuento
las cosas que no podré
comprarme,
los pañuelitos descartables perfumados,
las gomillas para el pelo color azul,
las medias 2x1 con dibujitos de gatos,
las Gilettes descartables que harán otros
tajos en las barbas insulsas de mis compañeros de
clases.
Intento adivinar el olor de la lata de Mentisant
o del cacao sobre las jetas abiertas,
y reorganizo los alfileres de colores de la maceta
de flores de cartón.
El dolor perdura,
la herida es tan profunda
y tan chiquito el espacio/tiempo
compartido.
Pero el amor es así,
a las apuradas,
y pasa como el Río Blanco,
tarde,
pero seguro.

DURAR ES UNA PALABRA PESADA
contiene demasiada erre
y arrastra con esta la pregunta
de si durar es un capricho en esta
vida y sí, si esta vida es un capricho en algo que dura
porque derrumbarse
derrumbarse
deja de ser una opción viable
Una cosa no se derrumba. La derrumban, o se queda,
Se queda y la gastan, persiste,
se pierde, se olvida, se deshecha,
hasta que la materia deja de resistirse al cambio definitivo.
Yo te miro y duro lo que dura el dolor de una herida
    simple,
fantaseando con la idea de ser el árbol que hace sombra
o un techo hundido haciendo equilibrio para no caer
o una ventana que mira
al cementerio resistirse a la noche
Yo te miro
y ahora que duro
exijo mi
derrumbe.

Cómo se desgasta la avenida
con tantos autos yendo y viniendo,
la edad se le pasa volando
ahora que en esta pequeña ciudad
parecen estar todos nerviosos.
En la radio mezclan bancos con cacerolas,
en la tele estallan bombas contra edificios,
en el quiosco de la esquina del colegio
se comentan teorías paranoicas.
Mi abuela dice que se viene la
tercera guerra mundial.
En la clase de catequesis
las monjitas no dejan de nombrar
la lista eterna de los pecados
que como especie cometemos.
Pienso que ni a Moisés se le habrían
ocurrido tantos.
En el recreo, Mariela me habla
de un concierto suspendido de los Back Street Boys,
en una ciudad que nunca escuché mencionar.
Jimena me cuenta, alterada,
que rompimos el pacto con Dios,
que ahora que llueva nos vamos a sorprender,
porque no va a haber arcoíris,
no, ya no.
En su casa se comenta que
estamos malditos
y que se viene
el segundo diluvio universal.

SI UN DÍA SE CAE EL REVOQUE DE MI CASA,
dejará ver las escenas privilegiadas
de Sailor Moon
tatuadas a fuego
con los crayones que no terminamos de gastar
en clases.
Mostrará los muros desnudos
que hacían de fortaleza ante
el ataque algo imaginario y exagerado
de los gallos furiosos que venían
a quemar el pasto seco del patio.
Mostrará también las marcas
que los conejos dejaron una vez
con sus dientes de alfiler,
y la mancha del vapor de la comida recalentada,
el rastro ahora cubierto de humedad
de la cocina y la punta fina de las esquinas
con las que nos rompimos las cabezas tantas veces.
Se verá el alcohol derramado y la mancha de aceite
que dejamos en un costado
junto a los dedos sucios marcados,
como el paso del tiempo escrito con lápiz
 y medido en centímetros
se verán los trabajos no tan logrados de los albañiles,
el barniz sobresalido de los bordes
por todas las veces que mamá pintó
las puertas y las ventanas
para rejuvenecerlas,
las huellas del perro,
las marcas que dicen
que este era también
su territorio.
Se verán las lágrimas que me sequé
en las paredes,
el agujero desde el que colgábamos la vieja tele,

en la que veíamos *amigos x100pre*
y nos enamorábamos en secreto
de Martín.

ME CONVERTÍ,
sin quererlo,
en espectadora
de la muerte.
Allá en la ventana
veo con claridad cómo
un hombre se va
de su oficio.
Duerme cuan
niño recién salido
del vientre materno.
Sus ojos cerrados
engullen la vida
y su boca abierta deja salir
lo que le queda de alma.
Lo veo y creo
que algún dios
está ausente.
Un boleto cualquiera

CAMINÉ UNOS 20 MINUTOS
hasta la primera
de todas las paradas
para jugar con la suerte
y encontrar,
al menos hoy,
el colectivo vacío.
El chofer,
como cada día hábil,
me dio el pasaje de ida
y yo me deshice de las últimas
moneditas que dejó
la merienda
en el bolsillo.
Cargué con el peso
de los cuadernos
hasta algún
asiento privilegiado
allá en el fondo
donde los muertos
elegimos el silencio
de una ventalla llena de polvo.
Borré con mis manos,
un "Facu te amo"
escrito por otros dedos
y con el puño percudido
abrí la instancia
de la nostalgia.
Toqué con la cara
la brisa de la calle
a punto de cambiar,
porque el aire de la Fascio
nunca me pareció el mismo
después de atravesar
el puente San Martín.

82321
"Dieciséis",
pronuncié en voz baja,
después de sumar los 5
números del boleto
y comenzar
a recorrer con los labios
las letras del abecedario.
La "O". Si cuento la ñ.
La "P". Si la ignoro.
Ninguna sostiene tu nombre,
Ninguna lo hará mañana.
Y así pasarán los días,
eternos,
en este loop
de apelativos que te ignoran
mientras yo juego
a que dios es un viaje en colectivo
y que un boleto puede
acaso
dictar los cauces
de mi suerte.

CON EL PESO DE LA TARDE
vas entrando en la habitación vacía.
Tenés el ego sobre la espalda,
pero llueve
y lo dejás afuera.
De este lado,
las luces son
fragmentos de vidrio
que atraviesan el espacio
y cortan las palabras.

Vos y yo
nos encontramos
y jugamos a bailar
sin pisar las sombras
que las gotas sobre la ventana
perforan en el piso.
Tu pie va por mi pie
y lo arrastra,
mi mano va por tu mano
y la sigue.
Entonces me llega la flor de tu boca,
se abre para mí en un beso,
en una lumbre débil
que da paso a la combustión.
Incandescentes,
bebemos
de lo que se enciende
en el aire
hasta perecer
por fin
en llamas.

HABLAR TODO EL DÍA
sentir curiosidad
hacer preguntas
imaginar momentos
pedir disculpas
sufrir la vergüenza
y el desconcierto
pensar en otros encuentros
ver pasar el tiempo
tener que forzar la charla
salir de paso
saludar a deshoras
calcular el tiempo entre la respuesta
y el siguiente texto
tragar los vistos
morir de aburrimiento
perder el interés
y los argumentos.
No te compliqués
la vida nos condena
cada día
a la indiferencia.

Acostate conmigo
en estos yuyos
en estas florecitas vivas,
tendremos tiempo
para la siesta
inventada
de la mañana.
No cerraremos
los ojos, apenas
rodaremos por y
en el bordecito
de las sombras fugaces
de la cañada.

Vamos a ver
las horas
irse con las nubes
a cuestas
y a mirarnos
a los ojos
y a escondidas.

ALGUIEN ESCRIBIÓ TU NOMBRE
al frente de mi casa.
Alguien se olvidó los acentos
y se dejó sueltos los palitos de la L
dubitativo, quizás o
luchando con la aspereza del
revoque de cemento tan
emprolijado.
Yo también me olvido cosas
como cuando deletreo ese error
que te delimita
y concurro
a la primera pronunciación
del vocablo.
Un vocablo en el que entra tu vida
o la vida que yo me imagino con vos
hasta que te desbordás sobre el bloque
y veo cómo te vas tallando
de nuevo
sobre esta piedra.

No amarás.
No olvidarás.
No morirás.
Porque tu nombre
es una grieta
en este muro
que todavía escuece.

ACEPTÉ EL AMOR
también como derrota,
consciente de que
 es la desobediencia
la que me respira
en la nuca.
La desobediencia
a la ira y al protocolo
tan ensayado en
el que nos hacen
creer que superamos
a las personas.
Estas, reducidas a obstáculos
y a una negación
insostenible,
se disponen en fila,
para ofrecerse como mártires
en una acción de cura
poco eficaz.
Pero vos no,
porque elegí
habitar con el fantasma
memorioso que me arrastra
por el tiempo
en el que ambos fuimos
una chispa ardiendo
en la calle fría.
Más me acerco al
desentierro de ese fuego
que nos quemó las manos,
más transformo este dolor
en ofrenda para mañana
Porque en eso me convertí,
en un rito de despedida,
en el que sos el viento

tirando las casitas
que construí para
salvaguardarme
del ahora.
Pero la que huye
nunca soy
yo nunca,
nunca.

Escojo la hora para el encuentro
sobre la piedra más grande que
es tribuna de una canchita.
Allá está él, bajo la única luz de la farola,
solo se le ve un color, solo se le ve
el naranja que me dijo que llevaría.
No es a quien espero,
no es a quien le di forma
en mi cabeza,
es apenas el rostro
de un desconocido,
el de un hombre mayor
jugando a tener
14 años.

Madre nuestra
que estás en los cielos

TE LLAMÁS HORTENSIA,
vivís en el patio del colegio.
Fuiste y pecaste
por amor a la carne,
y por creer en la noche
te hiciste eterna
en este cuentito popular.
En este jardín de veneno de ratas
¿pariste al monstruo?
¿cuántas veces te pidieron
que no lo hicieras?
Te moriste o te mataron,
Hortensia.
y yo me pregunto
¿Qué especie clamó tu nombre y
qué colores tiene
tu belleza?
La del mito,
la de la desobediencia,
la de la chica del colegio de monjas,
la de la vida
y la de la muerte.
Hortensia,
qué crueles las voces que te niegan
¿Quién podrá vengar
tu último suplicio bendito?
Ayer le temía a la puerta
que tocaste una mañana,
hoy te la abro
de par en par.

CUANDO EL PORTERO DEL COLEGIO
dejó los baños de polimodal
liberados, nosotras
subimos las escaleras
a las apuradas.
El recreo nos daba el permiso
de fallar durante 15 minutos.
Aquel territorio desconocido,
de azulejos celestes y puertas barnizadas,
olía a la ajenidad de la adultez.
"Dicen que acá murió una piba",
me susurró Cande.
Yo sentí que "murió"
esa palabra tan anodina,
me quedaba enorme.

Repasé los pasos,
los ingredientes, los utensilios.
El agua hirviendo en un termo,
las flores arrancadas de un patio vecino,
un puñado de semillas de zapallo,
el perfume extraído de una loción de madre.
la sombra del café molido,
y la voz de una araña.

Nombramos uno a uno
a nuestros pretendientes
y comenzamos la celebración.
Los animales disecados
del pasillo nos perforaban
con sus ojos, testigos
de aquella poción para matar sueños
que pedía al universo
que por fin
la adolescencia
dejara de doler.

HEMOS MUERTO OTRA VEZ
colgadas de la cruz de Xto
como cada viernes santo
que repite en bucle
la condena de un dios
a su hijo.
Nos regodeamos
en el dolor de la pérdida,
en la herida del costado,
en la llaga de las manos,
en las espinas enterradas.
Faltamos a clases,
comemos todo menos la carne
y, pasado el fin de semana,
volvemos a pecar.
¿Cuánto tardamos
en tirar la piedra de la lapidación
que rompe el vidrio?
¿en voltear adrede
un adornito de porcelana,
en tirarnos de las mechas
cuando no coincidimos,
en ponerle sal al té caliente
que nos quitará la sed…?
¿Cuánto tardamos
en armar un berrinche
y ocultar a dios
entre los gritos de la envidia
y la amargura?
En definitiva
somos dos
chiquitas
jugando a las monjas
de lunes a viernes
en horario escolar.

CURIOSA FORMA DE SONAR
tiene el viento a
las 6 de la mañana.
Abre su pecho florecido
en cuatro partes,
cuatro que soplan la pesadumbre
de los amanecidos
y de las antenas parabólicas
que ahora se hacen señal para los viciosos
y los madrugadores.
Acá estoy yo,
mirando sus implicancias sobre el afuera
mientras me cubro con una manta de corazones
que es más bien del gato,
el gato que tiembla con la canción del viento
y se rebusca entre mis costados.
Ahora que amanezca, pienso
que me lleve el airecito ruidoso,
que me sople como a pajarito herido u hoja seca,
que me barra como a los guantes
y las bolsas que la gente tira en la calle,
que me haga un molinillo
con los pétalos arrancados de las macetas
y de la vida,
y que me mueva por las esquinas
de cada puerta del barrio.
Yo, mientras tanto,
moveré mis dedos
y haré de cuenta
que hago magia.

LOS MOSQUITOS CHOCAN, feroces, contra el vidrio, y yo los miro, intentando penetrar en esta casa ardiente y llena de vida. Afuera se despliega un desierto profundo, apenas desdibujado por un vecino que salió de chancletas a recorrer la manzana. Un naranja intoxica a las 22 h, como negándole a la noche su derecho a existir. Entonces guardo la vida que nos queda, antes de que la consuma el tiempo que, imperceptible, sigue pasando.

LA GARZA GUARDÓ A SU HIJA
como se guarda un secreto
en la niñez,
tapándose la boca
con las manos
y con fuerza,
andando a gatas
por los pasillos
de un colegio secundario,
cantando
cantando bajito la canción
del cielo
y omitiendo lo que no se ve
bajo las ropas blancas.

Cuando la lluvia cayó fuerte,
calló fuerte,
la selva se llenó
de frutas y las demás aves
también cantaron.

Sus hermanos
detuvieron el tiempo
el murmullo de los vecinos,
sellando puertas y ventanas.
Su mamá
sujetó la herencia entre sus manos
aguantando la herida
de la tierra
y de una infancia nunca infinita.
La garza lloró, otra vez
en silencio,
al ver la cara rojiza
que silbaba
la vida

en un pueblo perdido
que le quedaba tan enorme
en medio del ramal.

Los ojos chiquitos apenas
dejan lugar para que entre la luz
la luz que viene a enceguecer
la segunda tarde de celebración.
Ella decide no probar el gusto sagrado
de la sangre de Xto, tan predispuesto
en una botella de plástico partida por su centro.
Nosotras contamos las gotitas de espuma
que flotan sobre la superficie del vino y
entonces sentimos al demonio venir.
Corre desde el centro de la tierra,
sacude el viento con su cola,
nos obliga a mirarnos en sus espejos,
hasta sentirnos desterradas del cuerpo
y hundidas en
el calor del mundo.
Nos echa de beber y de comer,
nos rodea de ofrendas,
nos prohíbe salir de la tierra
hasta el febrero del próximo año.

EXPERIMENTAR
la soledad de enero
es completamente innecesario
pero si no lo hacemos
¿cómo soportamos
la repugnancia
del resto del año?
Pienso en la desesperación
de las cumpleañeras
vacacionales
esas caras enrojecidas
abajo del toldo
y el cartelito
de felicidades
del evento al que nadie
asiste,
rebobino
el último casete grabado
por Florencia y
siento que
experimentar
el abandono de enero
es como esto,
poner la radio
para escuchar
el hit del verano
y cantarlo hasta
el hartazgo,
tararearlo hasta
la absoluta
desesperación.

ALLÁ VOY, RECTO, DIRECTO A TU DULCE,
te ves tan brillante, sabrás tan bien.
No puedo romper la fila en la que camino
tengo que seguir y llegar a vos.
No solo te consumo, me llevo
tu gusto entre los dientes
a mi parcela tan concurrida.
Yo sé que sos una trampa,
pero estoy ahí, en hilo,
mostrándole a todos el camino
hacia la muerte.

LAS COSQUILLAS TUYAS
en el pelo
me sacan los demonios,
me conjuran ante las bestias
que liberan los libros
de matemáticas
y el veneno que destilan
las palabras dañinas que
ayer alguien me dijo
en el colegio
Me hacen dormir
y no por sueño
Soñar
Y no en la fantasía
Me hacen vivir otro ratito
del lado amable
de esta ciudad.

HUMEDAD.
El ronquido de aquella mujer hermosa
se mezcla con la voz de mi abuelo,
el vino ya se hace mancha
sobre el mantel blanquecino,
la noche se duerme sobre la villa
y el club apenas se mantiene encendido
en dos o tres focos anaranjados.
Humedad.
El sonido del río acrecentado
por las lluvias,
el pitido de las víboras que
se arrastran por la maleza,
el futuro incierto
que también se arrastra
impetuoso
y nosotras apenas
una coincidencia
entra las ramas
de esta melancolía
familiar.

Subsistir al dolor
en estos 44 segundos de canción,
como el fueguito subsiste al soplo fuerte
que la boca suelta en una celebración cumpleañera,
como subsiste el destino
a los 3 deseos jamás rebelados.
Sucumbir al vapor,
que se pega en los vidrios,
como el pelo suelto sucumbe a la humedad
que la ciudad exhala en el asfalto,
y como sucumbe la mano que
se corta con el filo de una hoja
marca Éxito.

Rechazar la ausencia
del cuerpo en la casa,
así como el fantasma rechaza el día
y se aparece de noche,
y como vos rechazás mi
nombre y me sentenciás
a la extinción.

DESDE QUE VIVIMOS ACÁ
toda la ropa se pasea por el cielo,
gira en calesitas de tela gastada
de tanto jabón,
juega a tenderse en formas infinitas
y se mueve al gusto del tiempo
y de la tarde.
Hay tanto que cuelga olvidado,
hay tanto que cae olvidado,
tanto que permanece en este jardín
sin nombre y se desintegra.
El hombre que cuida los yuyos
se encarga de recoger las medias
sin pares
y de sentarlas en una esquina a que esperen ser reclamadas.
Yo espero a esas caras anónimas
salir de los bloques contiguos
a levantar las prendas
fantasmales
antes de que algún otro vecino
les vea la fina luz que les bordea
la silueta,
como yo
que le veo escabullirse
de la noche y del rocío
de la pérdida y del reencuentro
Como yo que solo me escondo
cuando lo que pierdo es este rato
en el que una angustia ajena
viene recordarme
que todavía
prolongo el duelo.

VEO EN LAS VIDRIERAS
el rastro de
tiempo,
la costa del mar profundo
y la gente que se prepara para saltar.
A mí me sobran las ganas
o al menos de morir
no tengo miedo,
y gasto la sombra
de la tarde en pequeños
espejos,
en colillas y
en jazmines,
como
si el día en que nací
fuera apenas
el anuncio de que
soy río, y que
bajo por la tierra,
cambiando
de nombre,
y arrastrando
la vida y la miseria
que me toca
a partes iguales.

TODO LO QUE SÉ SOBRE MI MUERTE

PORQUE DESPUÉS
somos una casa quemada
al borde del río,
donde el frío apenas llega
para llevarse el ardor
del pasto seco.
Y vos, tan al sur de mi ventana
 y cantándome bajito
que la muerte es apenas
el orgasmo de este rato
al lado de la vida.

PARA VOS UNA VENTANA
apenas abierta
porque ¿para qué
con este calor?
Para mí tus ojos,
proyectando la vida
de otrxs sobre una soga
secándose al sol despiadado
de este verano.
Para vos un toldo
que cubre la herida
del polvo dañino
que hará una infección
en cualquier obertura.
Para mí tu voz
diciendo bajito
que la sombra existe
porque existe la luz
y ¿para qué más
mientras esperamos la noche?

LA NOVIA,
como souvenir,
se quedó en el marco
de la foto
como la pared y el oficio
se quedan
ante el derrumbe
sostenido
apenas
por las astillas en el palo.

El retrato,
como canción fantasmal,
me sabe a Hotel California,
a recuerdo
agarrado a las sobras
de una casa con rejas,
pero sin techos,
muriendo a gritos.

El amor,
como hecatombe,
no es más que la decadencia
que orgánicamente
sede
a la simbiosis
con la herida.

Le temo al alma en travesía
porque dejó su recuerdo
acá,
suspendido.

CIGARRILLOS EGOÍSTAS.
Calles destruidas.
Indicaciones para extremar la seguridad.
La muerte de Jack.
Un manual por devolver.
El ticket del colectivo que habitó
más de dos años en unos bolsillos
del pantalón que recién ahora
sube por estas caderas.
La hilacha que se sacude desde un toldito barato.
La ropa tendida que apenas cabe
en el balcón de la vecina de abajo.
Camino al lado de unas ruinas
que la historia de la ciudad
que ahora habito decidió ignorar
como el frío a los limones
ya muertos que comienzan a soltarse
del árbol de la esquina
y como me ignoran los viandantes
mientras hago esta enumeración inútil
para hacer constar
el inicio de esta
liquidación
previa a cerrar.

Siempre al medio,
entre la ira y el viento,
amontonando las hojas en un solo silbido,
tropezando con la hora clave en la que temer al destino,
como si este se hubiese gestado en el útero de una
    salamanca.
Vamos con la prisa de los enojados
y los ojos se llenan otra vez del vaho de la muerte.
Siempre al miedo,
entre la luz incómoda del día, desnudando la escena,
poniendo en evidencia el dulzor de
decir mentiras y jugar a las escondidas,
celebrando la suerte de no ser
encontradas.

Siempre al medio,
pero con la voz
de tus nanas
adelante mío.

¿QUÉ DECIR DESPUÉS DE UNA MUERTE?
Solo las madres lo saben.
Llevan semillas de maíz
en las manos,
tarros con mote y papa,
jarras con mazamorra,
peinados excéntricos,
juegos con trampas y
y trucos heredados.
Hacen del consuelo
un almuerzo
cocido al fuego
lento de un amor
herido y abandonado,
conocen cuál será el fruto
de esta tramposa muerte
y qué cuerdas se entonarán
con el canto de
los hijos.

¿Moriremos a tiempo?
Solo las madres
lo saben,
y cuando llegue el momento
nos darán la mano
y cavarán soles
en esta tierra jodida,
pondrán el alma en
remojo y con un pellizco
en las mejillas
sabrán revivir
el pellejo más
despoblado.

¿Qué decir después de esta muerte?
Solo mi madre
lo sabe.

AHORA QUE ESTOY EN CASA
y reniego
¿Qué es una casa?
No me decido si esta
o la que dejé hace unos días
cuando crucé el portón gris.
Pero antes
robé algunas fotos
del álbum familiar
y las escondí entre las páginas de
un libro deseado
Todas ellas, tomadas en hace más de 25 años,
me hablan de algo ajeno, hermoso e inalcanzable
algo indescifrable para
la vida que me esperaba
al otro lado de este viaje.
Ahora en la soledad
de mi piso las miro
ahí estás vos
riendo con Daniel
y pasando tu brazo sobre
los hombros de la nona
Las vuelvo a mirar
las pego en la pared
blanca que no dice nada
ahí estás vos
haciendo de esta caja
de cemento y azulejos
lo más parecido
a una casa.

TENGO LA EDAD
de los perros,
cada año
me pesa por 7,
y se me hunde en la frente
una runa antigua
que hace de honda
para la guerra.

Cada día
mis ojos
se caen en el peso
de las bolsas de té
que heredé de la madre
del tedio
y yo me pregunto
¿Me haré árbol
o animal?
¿Temeré a la sombra
o me ocultaré del sol?
todos los surcos
de este viaje
me saben a
a la hierba fresca
que dejé atrás
cuando, casi por herencia,
salí a rebuscar
en la parte herida.

Pero tengo la edad
de los perros,
cada año
lo vivo
7 veces
Y 7 son las veces

que miro
hacia atrás.

ALGUIEN MURIÓ
en las vías de Fuencarral.
El tren no avanza más bien
casi como la vida
y reniega con el motor
y el murmullo del gentío
nunca tan desesperante.
Yo prefiero estar arriba
como niña en un vientre
sintiendo el latido de la madre
que abajo perdiendo 30 euros
otra vez.
Pero alguien murió
en las vías del tren.
Vos dormís en alguna parte
como el libro que me diste
duerme en mi bolso.
El muerto sigue ahí tumbado
alguien se pregunta por qué no va a llegar
al encuentro de un otro que
entristecido
esperará noticias
estas reservadas para cuando
recuperemos la señal.
Pero alguien murió
solo saberlo muerto y no poder verlo
me recuerda
al recuerdo narrado de la
muerte en tus brazos.
Justo dos o tres
días antes de vernos por
primera vez
vos pediste un poema.
Qué injusto es sentir
la necesidad de escribirlo

ahora que
como alguien muere
algo viene al mundo
a revivirlo.

Tengo ganas de contar
tantas cosas
entonces sonrío
porque venís vos
con la taza de café a la mitad
(y este ya frío)
y me decís que se acabó,
que ya no hay tiempo,
porque la casita que armamos
al lado del río
sucumbe al frío amargo
del viento que golpea y se lleva
los restos de esta
nuestra vida.

Nosotrxs que ya
concurrimos
al desayuno
finalmente
también
sucumbimos.

DORMÍ LA SIESTA SOBRE
la noche oscura
de un cadáver.
Este, tumbado boca arriba,
cedía calor al suelo pálido,
y se endurecía
tristemente
a la par que sus alas,
ya tiesas,
se deshacían
con el pasar incorruptible
del tiempo.
La bestia
lo había escondido en aquella sombra
una sombra rota que,
debajo de mi cama
se esparcía como la compasión
del animal que no sabe
que desgarrar
alguna vez fue parte
de su naturaleza.
Arriba, sobre la cama que
se hace invisible,
yo exhalo el bochorno
de la tarde que nos adelanta el verano,
y quiebro, como por herencia,
nuestras almas.

YA NUNCA SE ACORDARÁ DE MÍ.
Apenas vive los momentos
que compartimos
porque la memoria, de a poco,
deja de ser para ella el desván
donde puede amontonar con seguridad
las anotaciones del día a día,
lo que viene
después de mirarse al espejo
a primera hora de la mañana.
O la sala seca donde entrar a llorar
sin perecer al rocío,
sin salir con las patas
mojadas por el peso
de la falta.
Ya nunca,
nunca recordará
esta casa cuando hace 30 años
las paredes le parecerían
estúpidas así decoradas
y las caras de unos payasos en papel crepé
cubrían el deterioro del cemento
en aquel patio rajado al medio
y yo lloraré y preguntaré ¿qué viene ahora?
y me secaré y seré consciente de que es ella
y no otra
la que ya nunca
nunca más
se acordará de mí.

ÍNDICE

Este libro se terminó de imprimir
en enero de 2024

RIL® editores • España

europa@rileditores.com

Se utilizó tecnología de última generación que reduce
el impacto medioambiental, pues ocupa estrictamente el
papel necesario para su producción, y se aplicaron altos
estándares para la gestión y reciclaje de desechos en
toda la cadena de producción.